PUBLICATION DES LOIS ET DÉCRETS

CONTRAT de TRAVAIL

PROJET DE LOI

Suivi

DE L'EXPOSÉ DES MOTIFS

Présenté à la Chambre des Députés

Le 2 Juillet 1906

Par M. SARRIEN

Président du Conseil

ET

Par M. GASTON DOUMERGUE

Ministre du Commerce et de l'Industrie

PARIS

LIBRAIRIE DES SCIENCES POLITIQUES ET SOCIALES

MARCEL RIVIÈRE

30, Rue Jacob (VIᵉ).

1907

Accidents du Travail. — Loi du 9 avril 1898, modifiée par les lois du 22 mars 1902 et du 31 mars 1905. Décrets d'administration publique. Loi du 30 juin 1899, accidents agricoles. Loi du 16 avril 1906, exploitations commerciales, 1 brochure in-8 de 36 pages.. » fr. **50**

Accidents du Travail. — Arrêté du 30 septembre 1905, fixant le tarif des frais médicaux et pharmaceutiques en matière d'accidents de travail, 1 brochure in-8,................................... » fr. **75**

Assistance aux Vieillards. — Instruction du 16 avril 1906 suivie de la loi du 14 juillet 1905. Décret du 14 avril 1906 et annexes, 1 brochure in-8... 1 fr. **25**

Bouilleurs de cru. — Lois des 31 mars 1903, 22 avril 1905, 27 février et 17 avril 1906. Arrêté ministériel du 2 avril 1903 et décrets du 19 août 1903, 1 brochure in-8 de 30 pages...... » fr. **50**

Brevets d'invention. — Loi du 3 mai 1841, modifiée par celle du 31 mai 1856 et du 7 avril 1902 et arrêté ministériel du 11 août 1903, 1 brochure in-8 de 24 pages........................... » fr. **50**

Bureaux de placement. — Loi du 14 mars 1904, relative au placement des ouvriers et employés des deux sexes et de toutes professions, 1 brochure in-8................................... » fr, **50**

Caisses d'Epargne. — Histoire et Législation, par Chevauchez, rédacteur au Sous-Secrétariat des Postes, 1 vol. in-8 br.. 1 fr. **50**

Caisses de secours contre le Chômage. — Décret du 9 septembre 1905 précédé d'un rapport du Ministre du Commerce et du Ministre des Finances, 1 brochure in-8.............................. » fr. **50**

Contrat d'association. — Loi du 1er juillet 1901, modifiée par celles des 4 décembre 1902 et 17 juillet 1903, suivie des décrets des 16 août 1901, 28 novembre 1902, 14 février 1905, et circulaire ministérielle, 1 brochure in-8 de 46 pages...................... » fr. **50**

Distributions d'énergie électrique. — Loi du 15 juin 1906, suivie de celle du 25 juin 1895, brochure in-8.......................... » fr. **50**

Fraude et Falsifications dans la vente des Marchandises et des Denrées alimentaires et des Produits agricoles. — Loi du 1er août 1905, décret du 31 juillet 1906 et arrêté du 1er août 1906, 1 brochure in-8.. » fr. **50**

Hygiène du Travail. — Lois des 12 juin 1893 et 11 juillet 1903 et décrets des 29 novembre 1904 et 6 août 1905, suivis des Décrets sur l'emploi de la céruse, couchage du personnel, ateliers de blanchissage, 1 brochure in-8 de 30 pages........................ » fr. **50**

Justice de Paix. — Lois des 12 et 13 juillet 1905, 1 brochure in-8 .... » fr. **50**

CONTRAT de TRAVAIL

PROJET DE LOI

Suivi

DE L'EXPOSÉ DES MOTIFS

Présenté à la Chambre des Députés

Le 2 Juillet 1906

PAR M. SARRIEN

Président du Conseil

ET

PAR M. GASTON DOUMERGUE

Ministre du Commerce et de l'Industrie

———— ✳ ————

PARIS

LIBRAIRIE DES SCIENCES POLITIQUES ET SOCIALES

MARCEL RIVIÈRE

30, Rue Jacob (vrᵉ).

—

1907

Contrat de Travail

PROJET DE LOI

TITRE PREMIER

Formation du contrat de travail.

ARTICLE PREMIER. — Le contrat de travail est le contrat par lequel une personne s'engage à travailler pour une autre qui s'oblige à lui payer un salaire calculé, soit à raison de la durée du travail, soit à proportion de la qualité ou de la quantité de l'ouvrage accompli, soit d'après toute autre base arrêtée entre l'employeur et l'employé.

Ne sont pas soumis aux dispositions du présent titre les contrats passés par les personnes qui offrent leur travail non à un ou plusieurs employeurs déterminés, mais au public.

ART. 2. — Le fait que l'employé fournit la matière en même temps que le travail n'empêche pas la convention d'être un contrat de travail, pourvu que la matière puisse être considérée comme l'accessoire du travail.

ART. 3. — Le contrat de travail est dit « contrat individuel » lorsqu'il se forme entre un employeur unique et un employé unique.

ART. 4. — Le contrat de travail est dit « contrat d'équipe » lorsqu'il se forme entre un employeur et une collectivité d'employés ou les représentants de celle-ci.

Art. 5. — Lorsque des employés, engagés dans les conditions définies à l'article premier doivent, en vue de l'exécution des travaux convenus, organiser ou conduire des groupes ou brigades, ils sont de plein droit présumés agir à titre de mandataires du chef de l'entreprise, dans leurs rapports avec les employés faisant partie de ces groupes ou brigades.

Nulle preuve n'est admise contre cette présomption.

Art. 6. — Le contrat de travail est soumis, quant à sa formation, aux règles du droit commun, sous réserve des dispositions ci-après.

Art. 7. — On ne peut engager son travail qu'à temps ou pour une entreprise déterminée.

Art. 8. — En matière de contrat de travail, la preuve testimoniale est toujours admise, à défaut d'écrit, quelle que soit la valeur du litige.

Art. 9. — Soit que le contrat de travail ait été constaté par écrit, soit qu'il ait été conclu verbalement, ou qu'il résulte seulement du fait, par l'employé, d'avoir, avec le consentement de l'employeur ou de son délégué, participé aux travaux du chantier ou de l'atelier, les parties sont censées, pour toutes les conditions non prévues expressément au contrat, s'être référées, à défaut de règlement d'atelier ou de convention collective, aux usages des lieux et de la profession.

Art. 10. — Les conditions que l'employeur aura insérées dans un règlement d'atelier ou de travail ne sont réputées acceptées par l'employé qui conclut le contrat de travail que si elles ont été régulièrement publiées dans la forme prévue aux articles 26 et 27 du titre III ci-après et si l'employeur établit qu'elles ont été portées à la connaissance personnelle de l'employé.

Les modifications apportées aux conditions du

contrat de travail par voie de règlement d'atelier ou de travail ne sont réputées acceptées par l'employé que sous les conditions indiquées au paragraphe précédent.

ART. 11. — Doit être considérée comme illicite toute clause du contrat de travail par laquelle l'une des parties a abusé du besoin, de la légèreté ou de l'inexpérience de l'autre pour lui imposer des conditions en désaccord flagrant, soit avec les conditions habituelles de la profession ou de la région, soit avec la valeur ou l'importance des services engagés.

TITRE II

Des conventions collectives
relatives aux conditions du travail.

ART. 12. — Préalablement à la formation du contrat individuel de travail, des conventions collectives de travail peuvent être conclues entre un ou plusieurs employeurs et un syndicat ou groupement d'employés, ou entre les représentants des uns et des autres, spécialement mandatés à cet effet, soit dans la forme prévue par les statuts des syndicats, soit par tout autre procédé.

Ces conventions collectives déterminent certaines conditions auxquelles doivent satisfaire les contrats individuels qui seront conclus entre les personnes qui peuvent exiger l'application des clauses inscrites dans ces conventions.

Les employeurs peuvent s'engager à appliquer la convention pendant sa durée de validité, soit à des catégories déterminées de leur personnel, soit seulement aux employés ayant pris part à la négociation directement ou par mandataires.

Les employés peuvent s'engager à respecter la convention, soit chez les seuls employeurs signataires ou dans tout contrat passé pendant la durée de la convention avec un employeur quelconque dans une région déterminée.

Art. 13. — La convention collective relative aux conditions du travail doit être écrite ; elle sera déposée, à peine de nullité, au secrétariat du Conseil des prud'hommes, ou, à défaut de Conseil de prud'hommes, au greffe de la justice de paix du lieu où elle a été passée.

Communication devra en être donnée gratuitement à tout requérant. Des copies certifiées pourront en être délivrées aux intéressés sur leur requête et à leurs frais.

Le dépôt aura lieu aux soins de la partie la plus diligente, à frais communs.

Un décret fixera les émoluments des greffiers, le mode de communication des contrats et le mode de recouvrement des frais et honoraires.

Art. 14. — La convention collective ne pourra être conclue pour une durée supérieure à cinq ans.

A défaut de stipulation déterminant la durée de la validité de la convention collective, cette convention sera considérée comme liant les parties pour une période d'un an.

La convention collective qui n'a pas été dénoncée dans les délais prévus par les parties, ou, à défaut de ces délais, avant son expiration, sera prorogée pour une nouvelle période égale à la précédente.

Art. 15. — Sont, à défaut de stipulation contraire expressément énoncée dans les statuts des syndicats ou dans la convention collective elle-même, considérés comme soumis aux obligations résultant de cette convention collective les employés et les employeurs qui sont, au moment où la convention est passée, membres du syndicat ou de la collectivité partie à la convention, ou qui postérieurement adhèrent au syndicat ou à la convention.

ART. 16. — Lorsqu'un contrat de travail intervient entre un employeur et un employé qui doivent aux termes de l'article précédent, être considérés comme soumis l'un et l'autre aux obligations résultant de la convention collective, les règles déterminées en cette convention s'imposent, nonobstant toute stipulation contraire, aux rapports nés du contrat du travail.

ART. 17. — Lorsqu'une seule des parties au contrat de travail doit être considérée comme liée par les clauses de la convention collective, ces clauses ne s'appliqueront aux rapports nés du contrat de travail qu'à défaut de stipulations contraires.

Mais, en ce cas, la partie liée par une convention collective, qui l'oblige même à l'égard de personnes qui n'ont pas été parties à cette convention (art. 12, §§ 3 et 4), et qui aurait accepté, à l'égard de ces personnes, des conditions contraires aux règles déterminées de cette convention, peut être civilement actionnée à raison de l'inexécution des obligations par elle assumées.

ART. 18. — Lorsqu'il n'existe qu'une seule convention collective relative aux conditions du travail pour la profession ou la région et que cette convention collective a été déposée au secrétariat du Conseil des prud'hommes ou au greffe de la justice de paix, conformément à l'article 13, les employeurs et les employés seront, jusqu'à preuve contraire, et pendant la durée de la convention collective, présumés avoir accepté, pour le règlement des rapports nés des contrats de travail intervenus entre eux, les règles posées dans la convention collective.

ART. 19. — Les obligations assumées par les syndicats qui interviennent dans une convention collective relative aux conditions du travail sont déterminées par la convention collective.

Art. 20. — Les syndicats qui sont intervenus comme partie à la convention collective relative aux conditions du travail, peuvent exercer toutes les actions qui naissent de cette convention collective en leur faveur ou en faveur de leurs membres, avec leur consentement.

Ils peuvent spécialement agir pour obtenir l'exécution de la convention ou des dommages-intérêts au cas d'inexécution, soit contre les parties, individus ou syndicats, avec lesquels ils ont passé la convention collective, soit contre ceux de leurs membres qui n'auraient pas respecté les règles posées par la convention collective.

Lorsque la convention collective est intervenue entre un syndicat ou une collectivité d'employés et plusieurs employeurs, chacun de ces employeurs et chacun des membres de ce syndicat et de la collectivité ouvrière pourra également agir pour obtenir, à son profit, l'exécution ou des dommages-intérêts contre ceux qui, ayant contracté avec lui, ne respecteraient pas les obligatious résultant pour eux de la convention collective.

Art. 21. — Les dispositions du présent titre peuvent être invoquées par tous ceux que peut lier un contrat de travail.

TITRE III

Des règlements d'Atelier.

Art. 22. — Dans les entreprises industrielles et commerciales, même dans celles de l'Etat, des départements et des communes, où il existe des règlements d'atelier, ces règlements sont régis par les dispositions du présent titre.

Art. 23. — Le règlement d'atelier doit indiquer

dans la mesure que comporte la nature de l'entreprise :

1° La manière dont le salaire est déterminé et notamment si l'employé est rétribué à l'heure, à la journée, à la tâche ou à l'entreprise ;

2° Lorsque l'employé est rétribué à la tâche ou à l'entreprise, le mode de mesurage et de contrôle ;

3° Les époques de payement des salaires ;

4° Si les employés ne séjournent dans les locaux de l'entreprise que pour y prendre des matières premières, ou y remettre le produit de leur travail, l'indication des jours et heures où les locaux leur sont accessibles.

Art. 24. — Là où l'entreprise le comporte, le règlement d'atelier doit encore indiquer :

1° Les droits et les devoirs du personnel de surveillance, le recours ouvert aux ouvriers en cas de plaintes ou difficultés relatives audit personnel ;

2° Les fournitures qui sont faites à l'employé à charge d'imputation sur le salaire ;

3° La durée du délai-congé ;

4° S'il existe des pénalités ou amendes, la nature des pénalités, le taux des amendes et l'emploi qui en est fait.

Art. 25. — Le règlement d'atelier pourra comporter en outre toutes prescriptions visant l'hygiène, la sécurité, la moralité et les convenances.

Art. 26. — Avant d'entrer en vigueur, tout règlement nouveau et toute modification à un règlement ancien doit être porté à la connaissance des employés par voie d'affiche.

Pendant huit jours au moins à partir de l'affichage, le chef d'entreprise tient à la disposition de ces employés un registre ou cahier ou ceux-ci peuvent, soit individuellement, soit par leurs délégués, consigner les observations qu'ils auraient à présenter.

Les dispositions ci-dessus ne font point obstacle aux lois qui prévoient, pour certains cas spéciaux, des délais plus étendus.

Pendant le même délai de huit jours au moins, les employés peuvent adresser individuellement et par écrit leurs observations au président du Conseil de prud'hommes, ou, à défaut, au juge de paix. Le président du Conseil de prud'hommes ou le juge de paix transmet ces observations au chef d'entreprise dans les trois jours de la réception sans indiquer les noms des signataires.

Après une deuxième période de huit jours, le règlement nouveau ou le règlement modifié fait l'objet d'un deuxième affichage avec la mention « observations vues ». Il entre ensuite en vigueur à l'expiration d'un délai au moins égal au délai-congé en usage dans la profession et qui ne peut être inférieur à huit jours francs. Le chef d'entreprise a la faculté de prolonger ce délai ; lorsqu'il est fait usage de cette faculté, le projet affiché doit mentionner la date de l'entrée en vigueur.

Toutefois, si le nouveau règlement ou le règlement modifié comporte, par application de l'article 25 ci-dessus, des dispositions spéciales concernant l'hygiène, la sécurité, la moralité et les convenances, ces dispositions entrent en vigueur dès le jour de l'affichage et ne sont pas soumises aux formalités prévues par les articles 26 et 27.

Art. 27. — Tout règlement nouveau ou tout règlement modifié doit, à peine de nullité, porter l'attestation, dûment signée par le chef d'entreprise, de la consultation régulière des employés dans la forme prévue à l'article précédent.

Art. 28. — L'ancien règlement ou les usages antérieurs subsistent jusqu'à la mise en vigueur, dans les conditions prévues aux articles 26 et 27 ci-dessus, du nouveau règlement ou du règlement modifié.

Art. 29. — Les règlements faits conformément aux présentes dispositions lient les parties pour toute la durée de l'engagement, tant dans les dispositions obligatoires prévues ci-dessus que dans les dispositions facultatives qui y seraient jointes en vue d'établir les conditions du contrat de travail.

Art. 30. — Le règlement est et reste affiché dans les locaux de l'entreprise, à un endroit apparent.

Tout employé a le droit d'en prendre copie.

Art. 31. — *Dispositions transitoires.* — Les chefs d'entreprises auront un délai de six mois, à dater de la promulgation de la présente loi, pour modifier leurs règlements d'ateliers conformément aux dispositions qui précèdent.

Les règlements actuellement en vigueur resteront en vigueur pour toutes les prescriptions qui ne sont pas contraires aux dispositions du présent titre.

TITRE IV

Effets du contrat de travail.

Art. 32. — Le contrat de travail produit les effets déterminés par les conventions des parties, dans la mesure où ces conventions ne sont contraires ni à l'ordre public et aux bonnes mœurs, ni aux lois, spécialement aux lois qui réglementent les conditions du travail et sa rémunération.

Section I. — *Obligations de l'employeur.*

§ 1er. — Rémunération du travail.

Art. 33. — Lorsque la rémunération du travail dépend des mesures, pesées, opérations, vérifications quelconques ayant pour but de déterminer la quantité et la qualité de l'ouvrage, les employés ont toujours le droit, malgré toute convention contraire, de contrôler ces opérations personnellement ou par délégués.

Les données prévues par les contrats qui pourraient être nécessaires au calcul des salaires fixés par contrat individuel ou convention collective, sont soumises aux mêmes règles.

Art. 34. — Lorsque l'employé payé à la pièce, à la tâche ou à l'entreprise est maintenu à la disposition de l'employeur sur le lieu du travail, à son domicile ou ailleurs, et mis dans l'impossibilité de travailler par le fait de l'employeur, il a droit à une indemnité correspondant au préjudice qui lui a été causé. Toute convention contraire est nulle.

Art. 35. — Lorsque l'employé a droit à une part des bénéfices déterminés par le contrat, l'employeur est tenu, malgré toute convention contraire, de fournir à l'employé ou à un tiers agréé par les parties les données nécessaires pour contrôler le calcul de cette part.

Art. 36. — Les retenues faites à titre de cautionnement ou de garantie sur la rémunération de l'employé ne peuvent, malgré toute convention contraire, excéder un dixième (1/10) de chaque paye. Elles doivent être déposées, sous la responsabilité de l'employeur, entre les mains d'un tiers désigné par les parties ou, en cas de désaccord, par le juge de paix. Toutefois, il peut être stipulé que l'employeur les conservera tant que leur total n'aura pas atteint la rémunération d'un mois de travail.

Art. 37. — Les créances des employés pour la rémunération de leur travail sont privilégiées, pour une durée de six mois, au rang déterminé par l'article 2101, § 4, du Code civil. Ce privilège s'étend à l'année échue et à l'année courante s'il s'agit de gens de service.

Est abrogé, en ce qu'il a de contraire au présent article, l'article 549 du Code de commerce.

Art. 38. — Le payement fait par l'employeur, à l'employé mineur, de la rémunération qui lui est due est valable si le père ou le tuteur de l'employé n'y a pas mis préalablement opposition.

En cas d'opposition par lettre recommandée ou par voie extrajudiciaire, le juge de paix peut, soit d'office, soit sur simple réquisition d'un parent ou d'un ami, et après avoir entendu ou appelé le père ou le tuteur, autoriser le mineur à recevoir tout ou partie de la rémunération de son travail.

Art. 39. — Dans tous les cas où l'employé n'est pas occupé à titre purement passager, il appartient aux tribunaux d'apprécier si, et dans quelle mesure, le salaire est dû, en cas d'interruption momentanée résultant d'un cas de force majeure. Pour cette appréciation, il est tenu compte d'un délai prévu pour donner congé, ainsi que de la durée des services déjà rendus.

§ 2. — Conditions du travail.

Art. 40. — A moins de convention ou d'usage contraire, l'employeur doit mettre à la disposition de l'employé les collaborateurs, instruments et matières nécessaires à l'accomplissement de son travail. Si l'employeur les fournit moyennant payement, il ne peut malgré toute convention contraire, le faire à un prix supérieur à celui du marché.

L'employeur n'a en aucun cas, le droit de retenir les objets ou instruments servant au travail qui appartiennent à l'employé. Il en est responsable sous les conditions du droit commun. Toute convention contraire est nulle.

Art. 41. — L'employeur est tenu de veiller à ce que les conditions d'exécution du travail ne portent atteinte ni à la santé, ni à la sécurité, ni à la moralité de l'employé. Il doit lui laisser le temps nécessaire pour l'accomplissement de ses devoirs civiques et de famille.

Lorsque l'employeur loge et nourrit l'employé, il doit le faire dans des conditions qui ne portent atteinte ni à sa moralité, ni à sa santé. Il doit en outre et malgré toute convention contraire lui assurer à ses frais les premiers soins médicaux en cas de blessure ou de maladie survenue à son service, sans préjudice des obligations qui peuvent lui incomber en vertu des règles spéciales sur la responsabilité.

Ces obligations sont interprétées plus ou moins rigoureusement suivant les circonstances et notamment en considération de l'âge de l'employé et de la durée de ses services.

Section II.— *Obligations de l'employé.*

Art. 42. — Pendant l'exécution du contrat, l'employé est tenu :

1º D'accomplir sa tâche avec soin en se conformant aux ordres et instructions de l'employeur et de ses représentants ; 2º de respecter les convenances et les bonnes mœurs ; 3º d'éviter tout ce qui pourrait compromettre sa sécurité, celle de ses collaborateurs et celle des tiers.

Il doit restituer en bon état à l'employeur les matières premières non utilisées ainsi que les instruments ou objets quelconques qui lui ont été confiés. Toutefois, il n'est tenu compte ni des détériorations et de l'usure dues à l'usage normal de ces objets, ni du cas fortuit et de la force majeure.

Art. 43. — L'employé ne peut se faire remplacer dans l'exécution de son travail que s'il y est autorisé par le contrat ou par l'usage. Dans ce cas, le remplaçant doit être expressément ou tacitement agréé par l'employeur. A moins de convention contraire, le remplaçant est entièrement substitué au remplacé dans le contrat ; il a une action directe contre l'employeur et l'employeur contre lui. Le remplacé est dégagé de toute responsabilité quant au choix ou aux fautes du remplaçant

TITRE V

Cessation et rupture du contrat de travail.

ART. 44. — Les obligations résultant du contrat de travail prennent fin, soit dans les conditions prévues par les parties telles que l'expiration de la durée convenue, l'achèvement de l'ouvrage, soit par la force majeure, soit par la volonté des contractants dans les conditions ci-après.

ART. 45. — Le contrat de travail à durée indéterminée peut toujours cesser par la volonté de l'une des parties contractantes.

ART. 46. — Toutefois, sauf dans les cas prévus ci-après, la partie qui prend l'initiative de la résolution doit prévenir l'autre partie, soit une semaine au moins à l'avance, s'il s'agit d'un ouvrier ou d'un serviteur, soit un mois au moins, s'il s'agit d'un employé proprement dit ou d'un ouvrier assimilé à un employé.

ART. 47. — Les délais prévus à l'article précédent pourront être, à la requête des intéressés, réduits ou augmentés, pour une profession ou une spécialité déterminées, dans une localité ou une région déterminées, s'il est établi par une enquête que les délais ainsi réduits ou augmentés sont conformes aux usages locaux, ou répondent aux vues des patrons et des ouvriers.

La requête des intéressés sera adressée au juge de paix. L'enquête sera faite par un comité constitué et fonctionnant conformément à la procédure établie par les articles 2, 3, 4, 5 et 6 de la loi du 27 décembre 1892.

Art. 48. — Pendant la période de délai-congé, l'ouvrier disposera de deux heures au moins par jour pour chercher du travail.

Art. 49. — Le renouvellement continu du contrat de travail à durée déterminée soumet les parties à l'obligation du délai-congé dans les limites des dispositions de la présente loi.

Art. 50. — L'obligation du délai-congé n'est pas applicable au cas où le louage de services serait résilié avant l'expiration d'une période égale à une quinzaine, s'il s'agit d'un ouvrier ou d'un serviteur, à un mois s'il s'agit d'un employé proprement dit. Elle ne s'applique pas, en outre, lorsque la résiliation résulte d'un cas de force majeure ou d'une faute grave.

Art. 51. — Les modifications apportées au contrat individuel de travail pendant son exécution par un règlement d'atelier qui n'aurait pas été accepté expressément par les employés, ou appliqué sans protestation de leur part pendant une durée égale à celle du délai-congé, sont pour les employés une cause légitime de rupture.

Art. 52. — La partie qui n'a pas observé le délai visé par les dispositions précédentes est tenue envers l'autre partie à des dommages-intérêts égaux au délai qui devait être observé.

Art. 53. — Ces dommages ne se confondent pas avec ceux auxquels peut donner lieu, en outre, la résolution abusive du contrat par la volonté d'une des parties contractantes ; le tribunal, pour apprécier s'il y a abus, pourra faire une enquête sur les circonstances de la rupture Il devra, en tous cas, demander à la partie qui a rompu le contrat les motifs de la rupture.

ART. 54. — Pour la fixation de l'indemnité allouée, dans ce dernier cas, il est tenu compte des usages, de la nature des services engagés, du temps écoulé, des retenues opérées et des versements effectués en vue d'une pension de retraite, et, en général, de toutes les circonstances qui peuvent justifier l'existence et déterminer l'étendue du préjudice causé.

Les parties ne peuvent renoncer à l'avance au droit éventuel de demander des dommages-intérêts, en vertu des dispositions du présent article.

ART. 55. — Les constatations auxquelles pourra donner lieu l'application des paragraphes précédents, lorsqu'elles seront portées devant les tribunaux civils et devant les Cours d'appel, seront instruites comme affaires sommaires et jugées d'urgence.

ART. 56. — La grève est, sauf manifestation contraire de la volonté de l'une ou de l'autre partie, une suspension du contrat de travail.

Le refus par l'une des parties de recourir à la procédure de conciliation ou à l'arbitrage dans les formes instituées par les lois spéciales, sera considéré comme une rupture du contrat, du fait de cette partie.

Dans les services publics et dans les établissements industriels de l'Etat dont le fonctionnement ne saurait être interrompu sans compromettre les intérêts de la défense nationale, la grève, ou cessation concertée du travail, est *ipso facto* une rupture du contrat de travail.

Fait à Paris, le 2 juillet 1906.

Signé : A. FALLIÈRES.

Par le Président de la République :

Le Président du Conseil, Garde des Sceaux,
Ministre de la Justice,

Signé : F. SARRIEN.

Le Ministre du Commerce, de l'Industrie,
et du Travail,

Signé : GASTON DOUMERGUE.

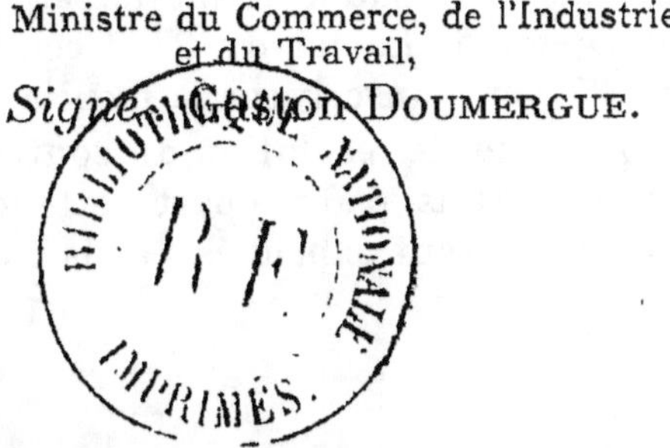

EXPOSÉ DES MOTIFS

Messieurs,

Le projet de loi que nous avons l'honneur de vous soumettre a pour objet de préciser le mode de formation, les effets et le mode de résolution du contrat de travail.

Répondant à l'évolution des usages professionnels, il se propose également de définir juridiquement et de favoriser les conventions collectives qui permettent aux ouvriers de la grande industrie, aux employés du grand commerce, de conclure, avec leurs employeurs, sur un pied de réelle égalité, leurs contrats de travail.

Le contrat de travail est l'un des plus usuels et l'un des plus importants des contrats. Outre qu'il règle, chaque jour, les conditions d'existence d'un grand nombre de citoyens, il est le fondement de toute l'organisation économique, le ressort de la vie industrielle du pays.

Cependant la fréquence croissante des conflits auxquels il donne lieu montre combien est mal défini le lien contractuel qui unit les employeurs et les employés, et il semble que rien n'est plus urgent que de fixer par une loi des obligations réciproques des parties.

On a maintes fois signalé l'insuffisance des dispositions législatives applicables, en France, au contrat de travail. Le Code civil, dans le chapitre du louage d'ouvrage et d'industrie, ne consacre au « louage des domestiques et des ouvriers » que deux articles : l'un, relatif à la preuve, est abrogé ; l'autre (art. 1780), qui ne permet d'engager ses services qu'à temps et pour une entreprise déterminée, affirme simplement l'inaliénabilité de la personne humaine et ne définit pas la forme de l'engagement. La loi du 27 décembre 1890 a complété l'article 1780 en y inscrivant la faculté, pour chacune des parties, de provoquer la résolution du contrat de travail à durée indéterminée. Mais, d'autre part, cette loi qui, pour répondre aux vœux si souvent exprimés par la classe ouvrière, a supprimé l'obligation des livrets d'ouvriers, a du même coup rendu malaisée, dans beaucoup de cas, la preuve de la formation du contrat.

Le Code civil est muet sur les obligations qui naissent, pour les parties, de la formation du contrat de travail, et l'ignorance dans laquelle se trouvent les contractants de la portée exacte de leurs droits et de leurs devoirs n'est sans doute pas étrangère à la multiplicité des conflits qui surgissent à l'occasion de ce contrat.

La persistance des usages antérieurs, le caractère encore familial des ateliers à cette époque dans le plus grand nombre des industries expliquent, dans une certaine mesure, le silence du Code civil sur ce point. Aujourd'hui que, par l'application de plus en plus répandue du machinisme, la concentration industrielle s'accentue de jour en jour, l'inégalité des parties appelées à contracter est flagrante. Dans ces grands établissements, qui occupent des centaines d'ouvriers, l'ouvrier isolé est sans défense en face de l'employeur, qui n'est souvent lui-même que le représentant appointé d'une société anonyme.

La garantie que présentait autrefois pour l'ouvrier l'existence d'usages professionnels ou locaux cesse par l'effet des règlements d'ateliers que l'employeur impose à son personnel. C'est par voie de règlements d'ateliers que certains patrons ont pu substituer à des usages courants des dispositions dérogatoires au droit commun, telles que la suppression de l'obligation réciproque du délai-congé. Les modifications apportées, par des règlements d'atelier, aux conditions implicites de contrat de travail (heures d'entrée et de sortie, intervalles de repos pour les repas, procédure de répartition et de remise du travail, etc.) sont une source constante de conflits.

Un des objets du présent projet de loi sera précisément de fixer, en même temps que les conditions de validité du contrat de travail, les conditions de validité du règlement d'atelier, complément du contrat de travail.

La convention collective de travail est une forme nouvelle de contrat qui n'a pas encore reçu de consécration légale, mais qui tend à se répandre de plus en plus.

Elle ne constitue pas un contrat de travail, mais détermine les conditions générales auxquelles devront satisfaire les contrats de travail individuels passés entre employeurs et employés, parties à la convention. Il faut donc se garder de confondre la *convention collective de travail*, souvent appelée à tort contrat collectif de travail, avec le contrat qui s'établit entre un employeur et une collectivité d'employés pour l'exécution d'un travail déterminé, contrat défini, sous le nom de *contrat d'équipe*, au titre premier de notre projet.

Un exemple fera saisir nettement cette distinction entre la convention collective et le contrat d'équipe. A l'issue d'une grève, en 1905, une convention collective a été passée entre les syndicats patronaux des carrossiers et des charrons de Paris et du département de la Seine et la Chambre syndicale des ouvriers de la voiture. Cette convention déterminait la durée du travail, les salaires à allouer aux diverses catégories d'ouvriers et, en particulier, la forme que devrait prendre le contrat de travail « en commandite », appellation admise dans cette industrie, comme dans l'industrie typographique, pour désigner ce que nous avons appelé « contrat d'équipe ».

La convention collective de travail, très populaire parmi les ouvriers, n'a pas été moins favorablement accueillie par les patrons de certaines industries, désireux de limiter les excès d'une concurrence ruineuse. C'est ainsi qu'à Armentières, en 1889, ce sont les fabricants de toiles qui ont pris l'initiative de l'unification des tarifs de main-d'œuvre.

Les accords passés par devant les juges de paix agissant en vertu de la loi du 27 décembre 1892 sur la conciliation et l'arbitrage, affectent fréquemment la forme de conventions collectives et, dans les centres industriels où existent des syndicats patronaux et ouvriers groupant la majorité des membres de la profession, des conventions collectives ont été souvent passées entre les deux syndicats.

Dans une matière aussi délicate, nous ne saurions prétendre avoir fait œuvre définitive. La convention collective n'est encore qu'en voie d'évolution. Nous avons essayé de tenir compte de ce qu'elle est déjà et de ce qu'elle apparaît devoir être dans un avenir prochain. Ses conséquences pourront se développer au delà des principes que nous avons posés et entraîner de nouvelles réformes. Ce sera l'œuvre de demain.

Dès aujourd'hui, il nous a paru qu'une loi sur le contrat de travail ne serait pas complète si elle ne visait, en un titre spécial, les conditions d'établissement et de validité de ces conventions.

D'autres questions, telles que la fixation des conditions de paiement des salaires, la réglementation de la saisie-arrêt sur les salaires et les petits traitements, la réglementation des amendes, la conciliation et l'arbitrage dans les différends collectifs, qui font l'objet de lois spéciales ou de propositions actuellement soumises au Parlement, n'ont pas été reprises dans le présent projet. Il y aura lieu, dans le futur Code du travail, de donner à ces lois spéciales la place qu'elles auraient occupée dans une loi générale sur le contrat de travail. Cette façon de procéder a été adoptée dans divers pays étrangers, notamment en Belgique, où, par exemple, les dispositions de la loi du 15 juin 1896 sur les règlements d'atelier ont été laissées de côté dans la rédaction de la loi du 10 mars 1900 sur le contrat de travail.

*   *

Le présent projet de loi comporte cinq titres. Il règle en premier lieu la formation du contrat de travail (Titre premier, art. 1 à 11), des conventions collectives relatives aux conditions du travail (Titre II, art. 12 à 21) et des règlements d'atelier (Titre III, art. 22 à 31). Il détermine ensuite les effets du contrat une fois formé et les obligations qui en découlent pour les parties (Titre IV, art. 32 à 43) et enfin les modes de résolution du contrat (Titre V, art. 44 à 56).

Quelques dispositions du présent projet ont été empruntées aux législations étrangères (lois belges du 15 juin 1896 et du 10 mars 1900, Code civil allemand) et au texte établi, après étude de ces législations, par la Société d'études législatives. Pour le titre V sur la résolution du contrat, nous avons eu recours au texte élaboré par le Conseil supérieur du travail, dans sa session de novembre 1905 sur le délai-congé.

ARTICLE PREMIER. — Les dispositions de l'article premier ont pour objet de définir le contrat de travail, en faisant disparaître, quand il s'agit de rapports entre employeurs et employés professionnels, la distinction entre le louage de services et le louage d'ouvrage, distinction qui tendrait à différencier le contrat suivant que la rémunération est fixée d'après la durée du travail (travail au temps) ou d'après les résultats du travail (travail à la tâche ou aux pièces). En fait, il n'y a pas de différence essentielle entre les contrats qui s'établissent dans l'un et l'autre cas, et ces contrats constituent, à titre égal, des contrats de travail.

Il n'y a pas lieu non plus d'établir une distinction entre la nature des services engagés (travaux manuels ou travaux intellectuels) et c'est en vue d'étendre le bénéfice des présentes dispositions à tous les travailleurs que nous avons adopté les termes génériques d' « employeurs » et « employés », de préférence aux expressions usuelles de patrons et ouvriers, qui sembleraient restreindre la portée de la loi aux seuls travailleurs de l'industrie.

Mais, si les services sont offerts, non à un employeur ou à un groupe d'employeurs déterminés, mais à des particuliers, au public non professionnel, il n'y a plus de contrat de travail, mais vente, ou marché d'ouvrage ou louage d'industrie. Il pourra arriver que les mêmes personnes passent contrat de travail avec un employeur ou un groupe d'employeurs et offrent d'autre part leurs services à des particuliers non professionnels. L'ouvrier tailleur à façon est lié par un contrat de travail avec un ou plusieurs marchands de vêtements, mais non avec les particuliers auxquels il offrira de leur faire et livrer un costume. De même, il y aura contrat de travail entre un maître et le directeur d'une école, mais non entre ce maître et le particulier auquel il donnera des leçons privées.

'Art. 2. — S'établit-il contrat de travail lorsque l'ouvrier fournit la matière ou une partie de la matière, suivant la pratique de certaines industries occupant des travailleurs à domicile? Le Code civil, dans son art. 1711, a exclu cette hypothèse du contrat de louage du travail et la jurisprudence voit dans ces contrats un louage d'ouvrage. Il semble possible d'établir une distinction et, en appliquant la théorie de l'accessoire, d'estimer qu'il y a contrat de travail toutes les fois que la matière peut être considérée comme l'accessoire du travail.

On peut citer comme exemple, le cas de l'ouvrière couturière qui souvent fournit le fil et les boutons, parfois même l'étoffe de doublure. Dans son rapport à la Société d'études législatives, M. Perreau envisage également le cas du sculpteur qui serait appelé à fournir le bois.

Art. 3 et 4. — Le contrat est individuel lorsqu'il s'établit entre un employeur unique et un employé unique. Mais une autre forme de contrat est en usage dans un certain nombre d'industries. Un groupe d'employés traite avec un employeur, pour l'exécution d'un travail déterminé et les membres de ce groupe d'employés se partagent, suivant des conditions réglées à l'avance, la rémunération globale affectée au travail. Ce contrat a reçu, dans l'imprimerie, le nom de commandite et, dans la fabrication des machines, le nom de contrat d'équipe. Nous avons choisi cette seconde appellation qui présente le double avantage d'être, dans ses termes mêmes, sa propre définition, et de ne pas prêter, comme le terme de commandite, à des équivoques ou à des confusions.

Art. 5. — L'article 5, en fixant la qualité des ouvriers qui

sont appelés à organiser des groupes ou brigades, ouvriers dé-
signés dans la pratique sous des appellations diverses tend à
protéger les ouvriers contre les abus auxquels peut prêter ce
mode d'organisation du travail. Les ouvriers chargés d'organiser les groupes ou brigades sont, dans leurs rapports avec
les ouvriers placés sous leur direction, considérés comme agissant en qualité de mandataires du chef d'entreprise. Il sera
donc impossible à un employeur d'échapper à toute responsabilité en se substituant un sous traitant insolvable. On évitera
ainsi l'un des principaux abus du marchandage, interdit par la
loi, mais si difficile à définir et à réprimer.

Art. 6 a 10. — L'article 6 se passe de commentaires. L'article
7 reproduit l'article 1780, § 1 du Code civil. L'article 8 institue
une dérogation à l'article 1341 du même code qui n'admet pas
la preuve testimoniale lorsque la valeur du litige excède
150 francs. Le contrat de travail étant dans un très grand nombre de cas, conclu sans écrit, il arrive que, dans des litiges
dont la valeur excède de beaucoup le maximum ainsi fixé, il
n'y aurait d'autre ressource, pour l'une quelconque des parties,
en cas de dénégation de son adversaire, que de lui déférer le
serment. L'admissibilité de la preuve par témoins n'empêche
d'ailleurs aucunement les parties de constater par écrit les conditions du contrat.

Art. 9 et 10. — Lorsque le contrat est établi tacitement, les
parties sont présumées avoir accepté l'application des usages
locaux (art. 9), à moins de conventions collectives ou de règlement d'atelier établi dans les formes prévues par l'article 10.

Art. 11. — Mais il faut prendre garde que, même dans un
contrat débattu, l'une des parties n'abuse de la faiblesse ou de
l'inéxpérienee de l'autre pour lui imposer des conditions léo-
nines. L'article 11, s'inspirant de l'article 132 du Code civil
allemand (lequel n'est que le développement de l'article 6 de
notre Code civil), prévoit la nullité de toute clause du contrat
par laquelle l'une des parties aura imposé à l'autre des conditions en désaccord choquant, soit avec les conditions habituelles de la profession ou de la région, soit avec la valeur et
l'importance des services engagés.

Art. 12, 13 et 14. — Ces articles visent les conventions collectives auxquelles sont imposées des conditions de publicité, par
le dépôt au secrétariat du Conseil de prud'hommes ou, à défaut,
au greffe de la justice de paix. La durée de validité ne peut
être supérieure à 5 ans, mais cette durée est renouvelable. Il
faut en effet éviter que les parties, en se liant pour une durée

trop prolongée, ne se trouvent lésées l'une ou l'autre par l'effet des transformations de l'industrie.

Les conventions collectives à la différence des conventions individuelles sont toujours conclues dans l'esprit des contractants, pour une durée assez longue, à raison même des négociations auxquelles entraîne leur formation. Malheureusement la validité des conventions est généralement omise par inadvertance, de sorte que, par assimilation au contrat individuel à durée indéterminée, la jurisprudence actuelle admet qu'une convention collective faite sans détermination de durée peut être résiliée à n'importe quel moment par l'une des parties contractantes. Nous croyons interpréter très exactement les intentions des parties en fixant à un an la durée minimum de validité des conventions collectives. Il va sans dire que les parties restent libres de fixer une durée, soit inférieure, soit supérieure ; ce n'est qu'à défaut de toute stipulation à cet égard que le terme est fixé à un an.

ART. 15. — Il a paru nécessaire de déterminer quelles personnes sont individuellement liées par la convention, afin d'éviter que par dissolution des groupements ou syndicats signataires de la convention, l'une des parties se dérobe aux obligations qu'elle a souscrites. Sauf stipulation contraire expressément énoncée dans les statuts des syndicats ou dans la convention elle-même, sont considérés comme soumis aux obligations de la convention les employeurs et employés qui sont, au moment où la convention est passée, membres du syndicat ou de la collectivité partie au contrat, ou qui adhèrent par la suite au syndicat ou à la convention. Il appartiendra au syndicat de faire connaître aux personnes qui solliciteront leur adhésion, que l'adhésion au syndicat implique ou non l'adhésion à la convention collective.

ART. 16 et 17. — Ces articles examinent la situation de l'employeur et de l'employé suivant que l'un et l'autre ou l'un des deux seulement seront, par application de l'article 15, considérés comme soumis aux obligations de la convention collective. Dans le premier cas, le contrat individuel qui interviendra entre eux sera nécessairement, et nonobstant toute stipulation contraire, soumis aux obligations de la convention. Dans le second cas, ces obligations ne s'imposeront qu'à défaut de stipulation contraire, mais celle des deux parties qui, liée par la convention, aura accepté les conditions contraires aux règles générales fixées par celle-ci, pourra être civilement actionnée par ses co-signataires, à raison de l'inexécution des obligations par elle assumées. Cette disposition est la garantie de l'observation des conditions générales de la convention. Elle s'oppose, par la possibilité d'une action, à ce que les ouvriers liés par la convention engagent leurs services, à des conditions contraires aux règles générales de cette convention, envers un patron non soumis à ces obligations, et, réciproquement, à ce qu'un patron soumis à ces obligations y échappe en recrutant des ouvriers non soumis à la convention.

ART. 18. — L'article 18 donne à la convention collective, lorsqu'elle répond à certaines conditions (généralisation à la profession ou à la région, dépôt au secrétariat du conseil de prud'hommes ou au greffe de la justice de paix), la valeur d'usages locaux applicables aux contrats passés entre employeurs et employés de la région ou de la profession, jusqu'à preuve contraire, pendant la durée de la validité de la convention. Cette disposition aura pour effet d'obliger les parties qui prétendront échapper aux conditions de la convention, à faire dans le contrat qu'elles passeront, mention expresse des conditions dérogatoires à la convention par elles admises.

ART. 19. — Si la convention collective doit imposer des obligations aux syndicats, notamment à l'égard de ceux de leurs membres qui ne respecteraient pas la convention, ces obligations devront être expressément spécifiées dans la convention.

ART. 20. — A cet effet, l'article 20 donne aux syndicats la faculté d'exercer les actions qui naissent de la convention en leur faveur ou en faveur de leurs membres, avec le consentement de ceux-ci, et d'agir, soit pour obtenir l'exécution de la convention, soit pour obtenir des dommages-intérêts au cas d'inexécution. Cette action doit s'exercer soit contre les parties individuelles ou syndicales avec lesquelles ils ont passé la convention, soit contre ceux de leurs membres qui n'auraient pas respecté les conditions par elles souscrites.

Ces facultés de recours sont indispensables, pour éviter que, comme il arrive trop souvent, les conventions collectives ne demeurent inappliquées au lendemain de leur signature.

ART. 22 à 25. — Dans le titre III relatif aux règlements d'atelier, nous n'avons pas cru devoir imposer l'obligation du règlement d'atelier qui figure dans la loi belge. Tout d'abord l'inscription de l'obligation aurait entraîné des sanctions pénales qui ne sauraient trouver place dans une loi qui ne comporte que des sanctions civiles ; d'autre part, il ne semble pas qu'il y ait lieu d'imposer l'obligation du règlement d'atelier, alors que, par suite de la réglementation du contrat de travail, le règlement d'atelier est appelé à constituer une simple mesure de réglementation intérieure et trouvera naturellement sa place dans toutes les industries où des dispositions doivent être prises en vue d'assurer la discipline, le bon ordre, la sécurité et l'hygiène. Il a paru qu'il était plutôt nécessaire de restreindre l'importance du règlement d'atelier en lui imposant des conditions de validité qui lui interdisent tout arbitraire.

Le règlement d'atelier indiquera, dans la mesure où la nature de l'industrie le comporte, le mode d'établissement du salaire (travail à l'heure, à la journée, à la tâche ou aux pièces), le mode de mesurage et de contrôle du travail effectué à la tâche ou aux pièces, les époques de payement des salaires, les heures et jours où les locaux seront accessibles aux ouvriers qui, travaillant à domicile, viennent seulement prendre les matières premières et livrer le produit de leur travail.

S'il y a lieu, le règlement d'atelier indiquera encore les droits et devoirs du personnel de surveillance et les recours ouverts aux ouvriers en cas de plainte ou de difficulté, les fournitures qui sont faites à l'ouvrier à charge d'imputation sur le salaire, la durée du délai-congé et, s'il existe des pénalités et amendes, la nature et le taux des amendes.

Enfin, le règlement pourra comporter toutes prescriptions jugées nécessaires visant l'hygiène, la sécurité, la morale et les convenances.

Art. 26. — Tout règlement nouveau ou tout règlement modifié, pour être valable, devra satisfaire aux conditions de publicité prévues par l'article 26. Il sera porté à la connaissance des intéressés par voie d'affiches. Pendant huit jours au moins à dater de l'affichage, les employés ou leurs délégués seront mis à même de faire connaître leurs observations soit à l'employeur lui-même, par inscription sur un registre, soit par l'entremise du Conseil de prud'hommes ou du juge de paix, si les employés qui ont des observations à présenter redoutent de se faire connaître de l'employeur. Après une deuxième période de huit jours, nécessaire pour examiner les observations que le projet de nouveau règlement ou de règlement modifié aura pu soulever, il y aura lieu de procéder à un nouvel affichage du projet définitif, avec la mention « observations vues ». C'est au moment de ce deuxième affichage que ceux qui ne voudraient pas accepter le règlement devront donner leur avis de congé. Le règlement nouveau ou le règlement modifié entre en vigueur, après le deuxième affichage, dans un délai au moins égal au délai-congé d'usage, et qui ne peut être inférieur à huit jours francs. Si le délai d'application doit être plus long que le délai-congé d'usage, le projet affiché mentionnera la date d'entrée en vigueur. Ces dispositions ne font pas obstacle aux lois qui prévoient pour certains cas spéciaux des délais plus prolongés.

Mais il est à peine besoin d'observer que toutes dispositions relatives à l'hygiène, la sécurité, la morale et les convenances doivent être applicables immédiatement. Ce sont des mesures d'urgence dont l'effet ne saurait être retardé et qui s'imposent sans consultation des employés.

Art. 27 et 28. — Le règlement établi dans les formes prévues aux articles précédents doit porter l'attestation, dûment signée par le chef d'entreprise, de la consultation régulière des employés.

Les anciens usages de l'atelier ou l'ancien règlement subsistent jusqu'à la mise en vigueur du nouveau règlement ou du règlement modifié.

Art. 29 et 30. — Les règlements établis dans les formes prévues lient les parties pour toute la durée de l'engagement.

Ces règlements doivent être et demeurer affichés dans les locaux de l'entreprise à un endroit apparent et tout employé doit pouvoir en prendre copie.

Art. 31. — L'article 31 accorde un délai de six mois aux employeurs pour se conformer aux dispositions qui régissent le règlement d'atelier, soit pour la rédaction de nouveaux réglements, soit pour toute modification aux règlements en vigueur. Les règlements actuels restent en vigueur dans toutes celles de leurs prescriptions qui ne sont pas contraires aux présentes dispositions.

Art. 32. — Il n'y a pas lieu d'insister sur l'article 32 qui reconnaît aux parties la liberté de régler à leur gré les conditions de l'engagement, sous réserve que ces conditions ne soient contraires ni à l'ordre public, ni aux bonnes mœurs, ni aux lois.

Art. 33. — Les ouvriers se sont plaints fréquemment, soit d'être lésés par suite de mesurage inexact de leur travail, soit d'être tenus dans l'ignorance du mode de calcul des salaires. Il paraît juste d'admettre l'employé à contrôler, personnellement ou par ses délégués, les opérations de mesurage, pesée, vérifications quelconques, ayant pour but de déterminer la quantité ou la qualité du travail. Déjà la loi du 7 mars 1850 sur les moyens de constater les conventions entre patrons et ouvriers en matière de tissage et de bobinage, loi étendue, par la loi du 21 juillet 1856, à la coupe du velours de coton, à la teinture, au blanchiment et à l'apprêt des étoffes, a prescrit de tenir constamment exposés aux regards, dans le lieu où se règlent habituellement les comptes, les instruments nécessaires à la vérification des poids et des mesures. De même, dans les mines métallifères du bassin de Meurthe-et-Moselle, les ouvriers ont obtenu, dans la plupart des exploitations, qu'un « contrôleur à la bascule », désigné et payé par eux et agréé par la Compagnie, fût admis à contrôler, contradictoirement avec le « basculeur » appointé par la Compagnie, le poids des wagonnets de minerai extrait. Ce sont là des cas isolés, inspirés par un principe général qui mérite d'être proclamé et consacré par la loi.

Art. 34. — Dans le mode de travail dit travail aux pièces ou à la tâche, il arrive que l'ouvrier est maintenu pendant un certain temps à la disposition de l'employeur, sur le lieu du travail, à son domicile ou ailleurs, et mis dans l'impossibilité de travailler. Le fait se produit assez fréquemment dans les industries où il est fait usage de moteurs mécaniqnes, par exemple, lorsque quelque accident interrompt la marche du moteur et aussi, dans les industries textiles, lorsqu'un ouvrier, ayant achevé un travail, doit attendre pour entamer une nouvelle pièce, que le travail « préparé » par d'autres ouvriers lui soit remis. Lorsque ces interruptions se produisent par le fait de l'employeur, il est juste que l'ouvrier soit indemnisé pour le préjudice qui lui est ainsi causé. Déjà, dans certaines industries, des transactions sont intervenues sur ce point ; certains patrons rétribuent à l'heure le temps perdu ainsi par l'ouvrier.

Art. 35. — Si l'ouvrier a le droit de prendre connaissance des données relatives à l'établissement de son salaire, cette faculté doit s'étendre, lorsque le contrat prévoit pour l'ouvrier une participation aux bénéfices de l'entreprise, aux données nécessaires au calcul de la part de bénéfices imputable à l'ouvrier.

Art. 36. — Lorsque le patron exerce, à titre de cautionnement ou de garantie, une retenue sur la rémunération de l'employé, cette retenue ne doit pas entamer le montant du salaire dans des proportions préjudiciables à l'employé. Il semble qu'on puisse limiter au 1/10 de chaque paye le chiffre maximum de cette retenue. Certaines précautions doivent, en outre, être prises, en vue de garantir la restitution du cautionnnement à l'expiration du contrat. Les sommes prélevées devront être déposées, sous la responsabilité de l'employeur, entre les mains d'un tiers désigné par les parties, ou, à défaut d'entente entre les parties, par le juge de paix. Il pourra être stipulé que les dépôts ne seront effectués que lorsque le total des retenues atteindra une somme égale aux salaires d'un mois de travail.

Art. 37. — L'article 37 accorde le privilège, pour une durée de six mois, aux créances des employés pour la rémunération de leur travail au rang fixé par l'article 2101 paragraphe 4 du Code civil. Est abrogé en ce qu'il a de contraire à cet article, l'article 549 du Code de commerce qui n'étend ce privilège qu'aux trois derniers mois.

Art. 38. — En ce qui concerne le mineur, il n'a pas semblé possible d'admettre, comme l'ont fait les législations allemandes et belges, que l'autorisation donnée par le père ou tuteur de conclure un premier contrat de travail vaut pour tous les effets de ce contrat et constitue une sorte d'émancipation professionnelle du mineur. Cependant, nous avons admis le mineur à recevoir payement de la rémunération qui lui est due sauf opposition préalable mise par le père ou le tuteur. En cas d'opposition, il appartiendra au juge de paix agissant d'office ou sur réquisition d'un parent ou d'un ami, d'autoriser s'il y a lieu le mineur à recevoir la rémunération de son travail. Ces dispositions paraissent présenter pour le mineur des garanties suffisantes.

Art. 39. — De nombreux conflits surgissent, lorsque le travail est interrompu momentanément par suite d'un cas de force majeure lorsque l'employé n'est pas occupé à titre purement passager, à l'effet de déterminer si et dans quelle mesure le salaire est dû. Par application de l'article 39, le tribunal, pour apprécier, tiendra compte des délais prévus pour donner congé et aussi de la durée des services déjà rendus.

Art. 40, 41, 42. — Ces articles relatifs aux devoirs respectifs des employeurs et des employés n'ont pas besoin de commentaire.

Art. 43. — L'article 43 vise le cas de remplacement de l'employé dans l'exécution de son travail, cas qui doit être prévu par le contrat ou par l'usage. Le remplaçant doit être agréé expressément par l'employeur et, sauf convention contraire, il est entièrement substitué au remplacé ; il a une action directe contre l'employeur et l'employeur contre lui, et le remplacé est dégagé de toute responsabilité quant au choix ou aux fautes du remplaçant. Sur ce point particulier, la jurisprudence est aujourd'hui hésitante. Dans la boulangerie, par exemple, où il est d'usage que l'ouvrier se fasse remplacer le jour de son congé, la question s'est souvent posée de savoir si, pour la rémunération, le remplaçant avait recours contre l'employeur ou contre le remplacé. L'article 43 fixe ce point.

Art. 44, 45, 46. — La résolution du contrat de travail s'opère soit dans les conditions prévues par les parties telles que l'expiration de la durée convenue, l'achèvement de l'ouvrage, soit par la force majeure, soit par la volonté des contractants.

Conformément à l'article 1780, paragraphe 2 du Code civil, repris par notre article 45, le contrat de travail fait sans détermination de durée peut toujours cesser par la volonté d'une des parties contractantes, sous réserve d'observation du délai-congé prévu par l'article 46. Ce délai-congé obligatoire, sauf dans certains cas prévus, a été fixé, conformément aux usages les plus répandus, à une semaine au moins pour les ouvriers et un mois au moins pour les employés proprement dits ou les travailleurs assimilés à des employés.

Art. 47. — Il a été nécessaire de prévoir le cas où, pour certaines industries spéciales, la durée du délai-congé devrait être modifiée. Lorsque la présence ou le départ d'un ouvrier risque de compromettre la bonne marche de l'usine en arrêtant le fonctionnement d'un organe, ou lorsque les convenances des employeurs et des employés d'une profession et d'une localité sont d'accord pour réclamer une modification du délai, il peut y avor lieu de prolonger ou de réduire le délai-congé. Cette modification ne pourra se faire qu'après qu'une enquête aura établi que les délais réduits ou augmentés sont conformes aux usages locaux ou répondent aux vues des patrons et des ouvriers. Il a paru que l'enquête pouvait être confiée aux soins d'un comité constitué et fonctionnant conformément à la procédure établie par la loi du 27 décembre 1892.

Art. 48. — L'usage s'est établi d'accorder deux heures par jour à l'employé pour chercher du travail pendant la période de délai-congé.

L'article 48 sanctionne cet usage.

Art. 49. — Cet article qui, lorsque le contrat de travail à durée déterminée se renouvelle d'une manière continue, soumet également les parties à l'obligation du délai-congé, a pour but de mettre fin à la pratique de certains employeurs qui, pour échapper à l'obligation du délai-congé, engagent dans la forme les ouvriers à la journée et renouvellent chaque jour cet engagement.

Art. 50. — Cependant, lorsque le contrat est résilié à la suite d'une période d'essai très courte (une quinzaine pour un ou-

vrier ou serviteur, un mois pour un employé proprement dit),
il est d'usage que le délai-congé ne soit pas obligatoire. Il n'y
a pas lieu d'appliquer davantage cette obligation lorsque la
résiliation résulte d'un cas de force majeure ou d'une faute
grave.

Art. 51. — Le fait que des modifications ont été apportées
au contrat individuel en cours par un règlement d'atelier qui
n'aurait pas rempli les conditions de validité prévues, constitue une cause légitime de rupture.

Art. 52 à 55. — Ces articles visent les dommages-intérêts dus
par la partie qui n'a pas observé le délai-congé. Ces dommages-
intérêts égaux au salaire afférent au délai qui devait être observé, ne se confondent pas avec ceux auxquels peut donner
lieu la résiliation abusive du contrat de travail par la volonté
d'une des parties (article 1780 §2 du Code civil, repris par notre
article 53).

Les articles 54 et 55 reproduisent les §§ 3, 4 et 5 de l'article
1780 du Code civil.

Art. 56. — L'article 56 vise le cas de grève. La jurisprudence
de la Cour de Cassation tient la grève pour une rupture du
contrat de travail. L'étude des faits semble au contraire établir que, dans le plus grand nombre des cas, ni les employeurs, ni les employés n'estiment que le lien qui les unit est
entièrement rompu par la cessation du travail et les tenta-
tives de conciliation auxquelles ils se prêtent attestent qu'ils
tiennent le plus souvent la grève pour une simple suspension
du contrat. Lorsqu'ils estiment qu'il y a rupture, ils l'affirment
le plus souvent par des manifestations expresses, soit que l'employeur ait avisé les employés d'avoir à chercher du travail
ailleurs, soit que les employés, en suspendant le travail, aient
fait connaître leur dessein de chercher un autre engagement.
Il y aura donc lieu d'apprécier la grève suivant les espèces.

Il ne saurait en être de même dans les services publics, qui
ne pourraient être brusquement interrompus, et dans les établissements de l'État où s'exécutent des travaux intéressant
la défense nationale ; la loi déclare, par avance, que, là, la grève
est *ipso facto* une rupture du contrat de travail.

Telles sont les considérations qui ont inspiré le projet de
loi que nous soumettons au Parlement.

Ce projet répond à une nécessité reconnue depuis longtemps
par tous les juristes qui ont eu à s'occuper de la question du
contrat de travail et qui ont signalé à maintes reprises l'insuffisance de la législation actuelle. Tout récemment, la codifica-

tion des lois ouvrières a fait apparaître d'une façon frappante cette insuffisance, qui a réduit le livre I du Code de travail à un nombre d'articles infime, hors de proportion, tant avec les autres livres qui font l'objet même de ce Code qu'avec la richesse des textes qui régissent la matière dans les législations étrangères.

Il appartient à cette législature, qui a marqué, dès son début, son intention arrêtée de consacrer le meilleur de son activité au progrès de la législation sociale, de combler cette lacune et de fixer le statut légal des rapports entre le capital et le travail.

PARIS

Librairie des Sciences Politiques et Sociales

Marcel RIVIÈRE

30, Rue Jacob (VIᵉ)

Niort. — Imp. Th. Martin.